NON SOLO
LORIS BATACCHI

Intervista a

Andrea Roncato

A cura di ***Antonio Santoriello***

INTRODUZIONE

Ho deciso di fare un'intervista ad Andrea Roncato e trasformarla in un libro, perché per me lui rappresenta una parte importante della storia della commedia popolare all'italiana e della tv anni 80/90.

Nato il 7 Marzo 1947 a San Lazzaro di Savenna, dopo essersi laureato in Giurisprudenza ed aver studiato recitazione, ha dato vita, insieme a Gigi Sammarchi al duo comico Gigi e Andrea, una delle coppie più apprezzate dello spettacolo e del cinema anni 80.

Da *Acapulco, prima spiaggia a sinistra, L'allenatore nel pallone, Mezzo destro mezzo sinistro – due calciatori senza pallone, I pompieri*...giusto per citare alcune pellicole della coppia. Roncato ha poi recitato da solista in film come *Fantozzi subisce ancora, Ne parliamo Lunedi, Vacanze di Natale 90, Vacanze di Natale 91, Anni 90* e molti altri...
fino ad arrivare negli ultimi anni ad essere diretto da registi come Pupi Avati con *Il cuore grande delle ragazze, Il signor*

diavolo...Paolo Virzì con *Notti magiche* e gli YouNuts! con il successo estivo di Netflix *Sotto il sole di Riccione.*

Il tutto alternando, negli anni la sua presenza in programmi televisivi come *Premiatissima, Risatissima, Grand Hotel, Bellezza al bagno, Domenica in*...ed in serie tv e fiction che vanno da *Don Tonino* a *Carabinieri*, fino alla recente serie francese *La mitomane.*

Alcuni suoi personaggi sono amatissimi dal pubblico che di generazione in generazione, continuano ad essere immortali. In primis Loris Batacchi, personaggio del film cult *Fantozzi subisce ancora.*

Leggendo questa intervista, potrete scoprire tanti aneddoti e curiosità sui suoi filmoni all'italiana (con la definizione "Filmoni all'italiana" intendo quelle commedie degli anni 70/80/90 diventate ormai cult) e tanto altro sulla sua carriera artistica, alcuni ricordi privati, il suo profondo amore per gli animali, il sogno nel cassetto...

Chi pensa dunque che Roncato possa essere solo Loris Batacchi e personaggi simili sullo schermo o che nella vita privata, sia solo ed unicamente uno sciupafemmine, dovrà ricredersi. Scoprirete un artista “a tutto tondo”, dotato oltre che di bravura, di una grande sensibilità.

É stato un vero piacere ascoltare Andrea mentre rispondeva alle mie domande. Pensate che a volte non c’era nemmeno bisogno di fargliele, perché era un fiume in piena che tirava fuori aneddoti e curiosità a non finire.

Non mi resta che dire grazie ad Andrea per la disponibilità alla realizzazione di questo progetto e a voi che avete scelto il libro…

Buona lettura!!!

Dedicato ai miei genitori,

mia sorella

e la mia dolce metà.

Com' è nata la coppia Gigi Sammarchi e Andrea Roncato?

Mio padre era un sacrestano, vivevo in una bellissima casa adiacente alla chiesa, in cui ho passato una meravigliosa infanzia. Frequentavo l'oratorio dove si giocava a pallacanestro e li conobbi Gigi che era della mia stessa parrocchia. Eravamo poco più che dodicenni e giocavano in squadra insieme.

Tutti i pomeriggi ci allenavamo per un paio d'ore e come squadra eravamo anche abbastanza forti. Avevamo entrambi la passione per il gruppo musicale *I Gufi* e andavamo spesso a vederli a teatro.

Con la voglia di cantare e fare spettacolo, decidemmo perciò, dato che io suonavo il pianoforte e Gigi la chitarra, di esibirci, utilizzando le loro canzoni. Iniziammo anche fare delle piccole serate in vari locali dalle nostre parti con il gruppo musicale *I ragazzi nella nebbia* dove io cantavo e Gigi suonava la chitarra. In più non contenti, cantavamo anche in un coro di canzoni popolari di montagna, vincitore tra l'altro di molte gare canore. Gigi da tenore ed io baritono. Due volte a settimana andavamo a fare le prove in un grande salone che era di proprietà della chiesa. Tra l'altro proprio lì conobbi la mia prima fidanzata che era la sorella del direttore del coro.

Dopo le due ore di prove, ci si fermava per bere una birra o una coca cola e ognuno si divertiva a sfoggiare le sue abilità. C'era chi era bravo a suonare la chitarra classica, l'armonica a bocca, la fisarmonica e tanto altro...Io e Gigi facevamo le nostre canzoncine da cabaret ed in più qualche piccolo sketch prendendo come punto di riferimento alcune barzellette.

Pensa che tra i presenti c'era anche Francesco Guccini, a quell' epoca era ancora agli inizi, pur avendo già scritto canzoni di successo per gruppi come l'*Equipe 84*. Non faceva parte del coro, ma veniva perché stava preparando una tesi sul canto popolare e ascoltare le nostre canzoni, era un buon modo per approfondirla. Molte volte ci faceva sentire le sue in anteprima, spiegandoci da cosa erano scaturite...Nacque così una bella amicizia. Ad un certo punto Guccini, riuscì ad avere un posto bellissimo a Bologna, chiamato *L' osteria delle dame*. Al suo interno c'era un bel palcoscenico dove iniziò a fare i suoi spettacoli insieme ad altri artisti. A quel punto ci propose di andare da lui ad esibirci. Così cominciammo anche noi a fare spettacoli, in quel posto, ogni settimana. Pian piano riuscimmo addirittura a diventare l'attrazione di punta del locale, dopo Guccini. Fu li dunque che cominciammo ad avere fama. Era diventato un posto alla moda, frequentato da moltissimi giovani e pensa che quando c'eravamo noi, era stracolmo. Io e Gigi iniziavamo così ad essere conosciuti nel bolognese e dintorni.

Nel frattempo in zona, aprì un altro locale che si chiamava *Club37*, dove si esibivano solo cabarettisti famosi come: Renato Pozzetto, Felice Andreasi, Enrico Beruschi, I gatti di Vicolo Miracoli...Quando ci chiamarono per esibirci in quel locale tanto rinomato, per noi, fu un punto di arrivo.

Il nostro debutto fu un successo, tanto da esser subito richiamati per la settimana dopo. Contentissimi pensammo allora, di portare al pubblico un nuovo spettacolo e non di replicare quello già fatto. Prendemmo però dal nostro repertorio, alcuni pezzi più deboli, rispetto ai nostri cavalli di battaglia; ritrovandoci ad esibirci questa volta, senza sentire nessuna risata dal pubblico. Fu un disastro, avevamo portato

in scena del materiale più intellettuale e meno comico, non riuscendo a far divertire gli spettatori, come la settimana prima. Quando eravamo dietro le quinte per cambiarci, ero disperato e ricordo che ad un certo punto dissi a Gigi: "Cazzo, non ride nessuno!" e lui, che invece non si perde mai d'animo ed è fortissimo in queste situazioni, mi rispose: "Si, però hai visto come stanno attenti!". Aveva trasformato quel fiasco in una vittoria. Secondo lui il pubblico non rideva perché doveva stare attento al nostro messaggio intellettuale...
Insomma quella sera volevamo fare qualcosa più alla Gaber, ma non eravamo all' altezza.

Con il tempo diventammo sempre più conosciuti in Emilia Romagna, quando facevamo gli spettacoli riempivamo i teatri, le piazze, feste...ma nel resto dell'Italia non ci conosceva ancora nessuno.

Le cose cambiarono quando ci chiamò il famoso impresario Bibi Ballandi, che si occupava di personaggi famosissimi come: Adriano Celentano, Renato Zero, Loredana Bertè, Mia Martini e tanti altri tra cui anche Sandra Mondaini. Aveva in mente di farci collaborare con quest'ultima perché lei che voleva fare delle serate in tutta Italia, cercava qualcuno che gli facesse da spalla, in modo da riempire meglio il suo spettacolo. Ballandi allora le disse: “Ci sono due ragazzi che vorrei farti vedere…” e la portò ad un nostro spettacolo. Le siamo piaciuti tanto che lei ci chiese se volevamo andare a lavorare in tournée insieme. E così per tre anni girammo tutta l’Italia con lei, fino a farci approdare per la prima volta nel 1978, nella trasmissione televisiva *Io e la befana.*

Quale sono stati gli insegnamenti che ti ha trasmesso Sandra Mondaini?

Innanzitutto va detto che lei era un animale da palcoscenico, aveva dei tempi comici meravigliosi ed un carisma eccezionale.

Generalmente prima di lavorare con lei, andavamo a fare gli spettacoli in jeans, invece lei, ci disse che dovevamo vestirci bene. Non ci si metteva in abito da sera per essere più belli, ma era una forma di rispetto per il pubblico.

Se facevo una gag che funzionava, spesso insistevo amplificandola per far ridere di più gli spettatori. Sandra a quel punto mi sgridava, perché mi spiegava che per farli divertire qualche secondo in più, con la stessa battuta, se ne saltavano altre, questo portava a far perdere il filo del discorso dello sketch che stavamo facendo. Occorreva rispettare tutti sul palco, senza prendere iniziative avventate di quel tipo.
Dentro di me pensavo: “Eccolo la, si è arrabbiata perché ho fatto ridere più di lei!”. Invece aveva ragione, perché a teatro, ci sono meccanismi precisi da seguire. Si arrabbiava invece

con Gigi, perché, anziché valutare, grazie al pubblico, quale fosse lo sketch che funzionava meglio, piuttosto di quello che era più debole e magari rivederlo o eliminarlo, lui insisteva e portava sul palco quello che aveva preparato; giusto o sbagliato che fosse.

Ogni volta Sandra, ci ricordava che prima di dire la battuta finale di uno spettacolo, se avevi quella buona che riceveva l'applauso, dovevi chiudere l'esibizione in quel momento. Così facendo, portavi a casa l'applauso e non rischiavi di rovinare il finale dello spettacolo perché la tua ultima battuta poteva risultare più debole della precedente e non ricevere il giusto riconoscimento. Occorre sempre avere orecchio con il pubblico e sapere quando bisogna fermarsi o andare avanti. Sandra per me era e sarà sempre un mito.

Parlami del tuo esordio cinematografico nel film *Qua la mano* del 1980 (*Episodio: Il prete ballerino*)

Ebbi la fortuna di fare una parte in quel film dove c'era anche Gigi, ma non recitavamo insieme, eravamo separati.
Io avevo il ruolo del presentatore e lui quello di un giornalista. Essere diretto da Pasquale Festa Campanile è stato molto bello.

Mi ricordo Lilli Carati che allora era tanto in voga, una bellissima attrice, purtroppo scomparsa prematuramente.
Non ha avuto molta fortuna e mi dispiace, ma la vita a volte è fatta così...

Poi ovviamente c'era il grande Adriano Celentano che era nel pieno della sua fama cinematografica. C'è stato un periodo in cui faceva un film dietro l'altro ed erano tutti incassi grandissimi, piaceva molto. Essere lì con lui nel mio primo film, Il fatto che mi desse del tu, scherzasse con me e mi trattasse alla pari, per me era un sogno, perché Celentano era ed è un divo eccezionale...Mi sentivo già De Niro, capisci!?

Come ti sei sentito quando ti sei rivisto per la prima volta sul grande schermo?

Mi sentivo già un attore affermato, non tanto perché ero io ma perché avevo fatto un film con Celentano. Anche se lo facessi adesso, dopo i tanti film che ho fatto, mi sentirei orgoglioso di essere in un film con Celentano e lo direi subito in giro, come quando negli anni 90 feci *Vacanze di Natale 91* in cui recitava anche Alberto Sordi. Amo molto questo lavoro e sono il primo fan di tutti i miei colleghi bravi.

Non soffro d'invidia, anzi, siccome amo questa professione, chiunque faccia qualcosa di bello riguardante questo mestiere, ha la mia simpatia e la mia considerazione. Ad esempio quando vedo un film ben interpretato da altri, non vedo l'ora di mandare un messaggio per complimentarmi.

Tornando a *Qua la mano*, mi ricordo che quando andai a vederlo al cinema, me ne stavo in fondo alla sala sperando che con l'accendersi delle luci qualcuno mi riconoscesse. Fortunatamente fu così, anche perché avendo lavorato in *Io e la Befana*, il varietà del sabato sera su Rai1, dato il calibro, aveva dato un po'di popolarità sia a me che a Gigi. Ovviamente al cinema non ero ancora nessuno, anche se dentro di me, fin dai miei inizi ho sempre creduto che prima o poi sarei diventato un attore cinematografico.

Adesso i ragazzi pensano di mettersi a far gli attori, dopo aver fatto un Talk show o un reality, mentre all'epoca, prima di diventare attore dovevi fare un bel po' di gavetta.
Io vengo dalla laurea in giurisprudenza, diploma in pianoforte, in lingue, ho fatto scuole di teatro, scuole di cinema e anni di gavetta con Gigi insieme alla Mondaini, in giro per l'Italia e soltanto dopo, sono arrivato in televisione.
Dunque, prima di arrivare nel varietà del sabato sera in tv, ci vollero circa quindici anni di spettacoli in giro.

Cosa hanno pensato i tuoi genitori quando hai deciso d' intraprendere la strada per diventare un artista?

I miei genitori erano molto scettici e abbastanza delusi, perché avevano fatto tanti sacrifici per mandarmi all'università ed invece io volevo prendere una strada diversa...Sai, il mestiere dell'attore è molto aleatorio.

Mi ricordo che mia madre non sapeva cosa dire quando ad esempio, i vicini di casa le chiedevano: "Ma suo figlio si è laureato?!" oppure "Che mestiere fa suo figlio?". Lei non riusciva a rispondere che andavo a fare spettacoli di Cabaret con Gigi, visto che non sapeva minimamente cosa fossero (gli spettacoli di Cabaret) e cosa facessi concretamente.

Mio padre ad esempio, quando andava al bar passava per il "padre di quello che voleva far l'attore". Generalmente poi se sei conosciuto va bene, ma prima, agli occhi della gente sei un fallito che vuole fare un mestiere che non arriverà mai. La prima volta che ho visto mio padre togliersi una soddisfazione è stato quando un giorno, entrando al bar lo sentii dire agli amici: "È passato Pippo Baudo stamattina a salutar mio figlio…Si ferma con lui qui a Bologna…non sapete poi quante belle attrici gli telefonano a mio figlio…". Finalmente si prendeva le prime rivincite nei confronti di quelli che prima gli dicevano: "Guarda il sacrestano che c' ha il figlio che vuol far l'attore… povero fallito!...Non è nessuno!".

I miei genitori erano quasi increduli quando ho fatto *Io e la befana* con la Mondaini. Da quel momento in poi hanno cominciato a pensare che forse potevo essere un attore però ero ancora agli inizi e quindi dicevano: "Ok, va bene, è arrivato li, ma come andrà a finire?!". Erano comunque sempre preoccupati e vedevano le mie performance artistiche come una cosa temporanea, perché anche se facevo uno spettacolo o un film potevo comunque poi, fare la fame. A mia madre quando facevo le prime trasmissioni le dicevo: "Mamma ti è piaciuta quella gag che ho fatto?..." ma lei non guardava quello che avevo fatto sul palco, bensì, osservava in maniera scrupolosa se ero vestito bene o male. Magari avevo fatto un pezzo carino, ma non gli ero piaciuto perché ero vestito male. Facevo invece una cazzata e lei diceva: "Ah ieri sera si che mi sei piaciuto, eri vestito proprio bene…somigliavi a Iglesias!"

Nel 1981 fu la volta del film,
***La baraonda*. Come andò quell'esperienza?**

Era un film ambientato sulla sei giorni ciclistica di Milano. Qui per la prima volta, diedi il mio primo bacio cinematografico. La scena prevedeva che dovessi baciare una signora che avevo appena conosciuto.
Ero piuttosto imbarazzato, ma andò tutto bene. Mi fece però effetto, il fatto che dopo questa scena del bacio, lei mentre andava via dal set, mi salutò stringendomi la mano e con un amichevole bacetto sulle guance…
Io pensavo: "Ma come, prima eravamo lì a baciarci, abbarbicati, e adesso mi saluta così!?..."

Cominciavo a capire la differenza tra realtà e finzione anche in quel tipo di contesto cinematografico. Non è che tu baci un'attrice in un film e quella diventa la tua fidanzata.
Stiamo lavorando, quindi il bacio è pura finzione.

Nel 1982 arriva il primo film in coppia con Gigi, *I camionisti*. Cosa ti ricordi di quell'esordio?

Io e Gigi eravamo molto esaltati, perché c'era Flavio Mogherini alla regia, per noi era un idolo dato che aveva diretto *Per amare Ofelia*, l'esordio cinematografico di Renato Pozzetto. Ci rimanemmo un po' male perché data la trama, il titolo del film doveva essere *C'è una tigre nel giardino*.

Questo accadde perché andavano di moda titoli un po' più spinti. Se mettevi *C'è una tigre nel giardino* sembrava una cosa abbastanza sofisticata, mentre *I camionisti* era proprio più trucido e serviva per attirare il pubblico. Fu una cosa decisa dai produttori, non da noi.

Tra l'altro la tigre nel film era vera e nei servizi fotografici con Daniela Poggi, questa grande tigre veniva di fianco a me con quelle zampe che erano grandi quanto il mio torace! Fortunatamente, non ho paura degli animali e mi rinfrancava vedere Daniela, tranquillissima, come se vicino a lei ci fosse un gattino, anziché di una tigre.

Successivamente, nel 1983 uscì al cinema,
Acapulco prima spiaggia...a sinistra.

Il film fu un'idea di Sergio e Luciano Martino ed il fatto che si girasse dalle nostre parti, quindi a Bologna e a Cesenatico, andare al mare dove andavamo sempre, l'affetto della gente per strada che ci riconosceva, perché ci aveva visto tante volte fin da piccoli; era proprio una sensazione particolare.

Inizialmente il titolo della pellicola doveva essere *Facciamo del nostro peggio,* ma sempre per motivi legati alla produzione, cambiò in *Acapulco prima spiaggia...a sinistra.*

Un posto cult in quel film è senza dubbio la mitica pensione Celso che in realtà però non esiste. Era un condominio che era stato trasformato per l'occorrenza.

Le vicende raccontate nel film erano dunque un misto tra realtà e fantasia.

Si classificò al 71° posto tra i primi 100 film di maggior incasso della stagione cinematografica italiana 1982 - 1983.

Nel cast c'erano: Serena Grandi, ancora agli inizi della sua carriera, Anna Kanakis, Simona Marchini, Gegia e tante altre brave attrici come Mirella Banti che interpretava la procace tabaccaia, dove io e Gigi andavamo a comprare i Minerva.

"I bei Minervoni nostrani quelli con lo zolfone rosso" cit.

Le scene con lei, fanno sicuramente parte dei momenti più divertenti e amati dal pubblico. Inoltre, non tutti sanno che la "bella tabaccaiona" era doppiata, perché non era romagnola ma di Livorno.

Nel film era presente anche Jimmy il fenomeno, un caratterista unico. Che ricordo hai di lui?

Jimmy il fenomeno era una persona che noi trattavamo sempre bene, poverino aveva mille problemi. Era fortunato perché tutti i registi in quel periodo, lo prendevano come porta fortuna, quindi in qualsiasi film comico, usciva fuori una particina per lui.

Anche lì, mi ricordo Sergio Martino che disse: "Ho preso anche Jimmy così il film sarà fortunato…"

Oltre a guadagnare qualcosa con il suo ruolo, anche noi del cast, quando lo vedevamo, gli mettevamo qualche soldino dentro una busta per aiutarlo. Non si trattava di un'elemosina, ma di ringraziarlo per la sua presenza nel nostro film al quale eravamo convinti, avrebbe portato fortuna.
Lui era così come lo vedevi al cinema, non è che gli davano un copione. Infatti nella scena dove interpretava un cameriere che serviva me e Gigi alla trattoria *I 12 apostoli* c'era molta improvvisazione.

Ad esempio:

Andrea: “Questo chi è San Vito?...”

Gigi: “Perché?...”

Andrea: “Balla!!!....”

Questo perché Jimmy ci accoglieva all’entrata del locale, muovendosi in modo buffo con la tipica enfasi che gli apparteneva.

Mi è dispiaciuto molto quando è scomparso, perché era un’immagine buona della mia giovinezza.

Raccontami qualcosa sulla mitica canzone che rappresenta il tema musicale del film, il brano cult, *Ci do, che ci do, che ci do*.

All' epoca era abbastanza comune che gli attori di un film comico, fossero presenti anche nella colonna sonora, cantando una canzone, come facevano ad esempio Cochi e Renato. Nello specifico il brano *Che ci do, che ci do, che ci do* è firmato da Detto Mariano e Andrea Lo vecchio e cantata da me e Gigi.

"Viva le donne che son come l'acqua santa Quando le tocchi il miracolo non manca!" cit.

Quella canzone è diventata negli anni un vero e proprio tormentone e ne sono molto felice. Negli ultimi tempi questa abitudine è stata ripresa dal grande Checco Zalone che nei suoi film inserisce le canzoni cantate da lui.

Visto che siamo in argomento, svelami anche qualche retroscena sul tuo tanto discusso lato da sciupafemmine.

Molte volte il pubblico si identifica con il personaggio che fai, non rendendosi conto che stai solo interpretando un ruolo.

Ad esempio nella fiction *Provaci ancora prof 6*, interpretavo un uomo che uccideva sua moglie, ma ovviamente non ho mai toccato una donna in vita mia; casomai sono io ad aver preso qualche sberla da loro, sono stato fermo e me le sono tenute.

Perciò visto che soprattutto negli anni 80, ho sempre fatto il personaggio dello sciupafemmine in maniera ironica, molti pensano che io lo sia sul serio. Non sono stato di certo un santo, visto che ho lavorato con donne bellissime e con diverse di loro c'ho anche provato. A volte ci sono riuscito, mentre altre no. Ciò non vuol dire che io abbia avuto migliaia di donne come si sente in giro. Sono molto più tranquillo di quello che potrebbe sembrare. Agli occhi del pubblico però che ormai ti ha catalogato come un assatanato, ogni volta che c'è di mezzo qualche bella donna famosa, del mondo dello spettacolo, pensa che tu l'abbia senz'altro "sciupata"...ma non è così.

Tra l'altro alcune persone pensano che le donne famose siano più inarrivabili di chi fa altro nella vita, ma non è affatto vero.

Quindi il successo che ho avuto con le donne, probabilmente è nettamente inferiore a quello del negoziante vicino casa che sarà stato con molte donne più di me, solo che meno conosciute. Detto questo, da diversi anni sono felicemente sposato, ho una bella famiglia, i miei animali...non potrei stare meglio!

Nei primi film con Gigi quanto c'era d'improvvisato?...

In quei primi film ce n'era abbastanza, poi pian piano però, ci accorgemmo che al cinema non è che puoi improvvisare, devi dire quello è scritto sul copione.
Se vuoi cambiare qualcosa, lo devi comunicare prima al regista ed una volta accordati si può girare. Inoltre, visto che la stessa scena si gira normalmente più volte, occorre fare le stesse identiche cose tra un ciak e l'altro. Tutti sul set devono sapere alla perfezione cosa farai (operatore di macchina, luce ecc..)

Facevate molti ciak per ogni vostra scena?

Furbescamente non ne facevamo molti...Sergio Martino metteva già una camera in più per prendere casomai tutti e due, il primo piano di uno ecc..In questo modo si riusciva a velocizzare il lavoro. Eravamo perciò meno legati a fare le stesse cose e avevamo più libertà. Inoltre quando sei tu che parli in primo piano in una scena, si presume che vada bene la prima, quindi fai dei movimenti che non dovrai ripetere. In genere quando fai il comico le improvvisazioni che fai, poi riesci a rifarle, perché essendo venute da te le conosci bene e puoi ripeterle senza problemi; sempre con un occhio di riguardo agli accorgimenti di cui ho parlato prima.

Deve essere stato un bel cambiamento recitare in un film dato che venivate dal Teatro/Cabaret?

Proprio così, noi venivamo dal teatro/cabaret che era fatto tutto sull'improvvisazione. I nostri pezzi all' 80% nascevano al momento mentre li interpretavamo di sera in sera. Pensa che facevamo anche cinque spettacoli a settimana in varie città d' Italia.

Prendiamo le discoteche ad esempio che in quegli anni erano aperte tutte le sere dalle 20 fino alle 2 di notte. La gente cominciava a ballare alle 21 e alle 23 si fermava per vedere lo spettacolo. A quel punto dovevi far un'ora di spettacolo e divertire il pubblico, altrimenti non ti pagavamo. Andavi il Lunedi in certe discoteche dell'Emilia Romagna con cinquemila persone che erano pronte ad ascoltarti.

Negli ultimi anni invece, gli ospiti che vanno in discoteca non devono saper fare spettacolo, ma sono invitati perché hanno visibilità. Gli basta dire due, tre cose in consolle, magari un tormentone, ed è apposto così.

Che altro ti ricordi di quel periodo in giro per tutta l'Italia con Gigi?

Io e Gigi facevamo centinaia di migliaia di chilometri all'anno, perché ogni settimana, quando andava male, avevamo quattro serate, altrimenti se tutto andava bene ne facevamo sei.

Un giorno eravamo a Genova, l'altro giorno a Milano, poi Napoli e così via...Perciò era sempre necessario prendere la macchina per spostarci. Tra l'altro seguendo l'ala del successo non eravamo furbi da prendere la stessa macchina, visto che dovevamo andare a lavorare insieme...No! andavamo ognuno con una bella macchina per fare i fighi che arrivavano e si mettevano in mostra. Era capace che da Bologna andavamo a fare uno spettacolo a Sanremo, dopo aver finito, andavamo a mangiare e poi si partiva alle tre di notte e alle sette di mattina eravamo già a casa a dormire. Avevamo quindi, anche la brutta abitudine di tornare sempre a casa, ovunque noi fossimo. Molte di queste serate ci furono a partire dal 1984, quando facemmo la prima trasmissione di grande successo...

La tv degli anni 80 era spettacolare…
Raccontami qualche cosa in più riguardo
le vostre trasmissioni televisive.

Dopo l'esordio con la Mondaini nel 1978 con *Io e la befana*, facemmo nel 1980, una trasmissione abbastanza carina che si chiamava *C'era due volte* con la regia di Enzo Trapani. Fu tra le altre cose, l'esordio televisivo di Cicciolina. Dopodiché fu la volta di *Tutto compreso* per la regia di Giancarlo Nicotra con Massimo Boldi, Teo Teocoli, Ezio Greggio e tanti altri...Iniziammo quindi ad essere abbastanza conosciuti, ma il boom vero e proprio ci fu quando, dopo aver fatto qualche partecipazione a *Hello Goggi,* programma del 1981 con Loretta Goggi, ci presero per fare *Premiatissima '83,* condotta da Johnny Dorelli con un cast meraviglioso: Ornella Muti, Miguel Bosè, Gigi Sabani...ed in più la presenza di grandi cantanti dell'epoca. La facemmo per due anni e lì veramente, ad ogni spettacolo in qualsiasi discoteca, c'era sempre una gran fila fuori ad attenderci.

Fu in *Premiatissima* che lanciaste il personaggio della mamma, giusto?

Esatto ed ebbe un grandissimo successo.

Gli sketch non erano di tre minuti come adesso, ma duravano anche diciassette/diciotto minuti. Le gag con quel personaggio tanto amato, contribuirono notevolmente alla crescita della nostra popolarità. Queste noi l'avevamo già provate nel programma *C'era due volte,* perché erano piaciute ad Enzo Trapani. Inizialmente Gigi doveva fare un'amica della mamma, mentre io "la mamma" che gli raccontavo le storie di casa mia. Solo che Trapani mi fece vestire da donna, rendendomi così insoddisfatto. La facemmo in quel modo e piacque, ma io avrei voluto farla come il figlio che imita la madre. Niente parrucca, trucco, gonna, calze, ecc…mi mettevo addosso uno scialle rosa, nelle mani i ferri per fare la calza e impersonavo mia madre. Dunque, ero io che imitavo mia madre con due oggetti riconducibili ad una qualsiasi mamma e Gigi che imitava il figlio.

Sul web ci sono diverse foto e video di te e Gigi riguardanti *Grand Hotel*, programma in cui avete duettato con ospiti internazionali fantastici. Come fu quell' esperienza?

Grand Hotel è un cult della televisione italiana anni 80, perché era un misto tra fiction e varietà. Io e Gigi avevamo il ruolo dei due direttori di questo grande Hotel e nelle vesti dei nostri clienti, ospiti straordinari come Tony Curtis, James Brown, Alain Delon…

Mi ricordo che emozionatissimo, facevo gli sketch con Tony Curtis in cui lui mi diceva: "Ok, va bene Andrea?, vuoi che lo ripetiamo?" e io pensavo: "Questo mi prende in giro, io ho appena fatto due filmetti, mentre lui che ha lavorato in film importanti, con attrici come Marilyn Monroe, chiede a me se mi va bene o no!?"…Questo per dirti la grandezza di attori come lui, che non hanno problemi a mettersi in gioco.

Anche Alain Delon si era prestato a fare diverse gag con me e Gigi, addirittura una sera che era anche il giorno del suo compleanno, a me e Gigi venne in mente una bella idea e pensammo: “Se con l’occasione riuscissimo a portarlo in qualche discoteca per festeggiare, sai che figurone che ci faremmo!?”. Delon accettò, così lo portammo in una famosa discoteca di Milano. Ovviamente a me e Gigi i proprietari già ci conoscevano e pensa che in quegli anni, alcune sere ci andavamo anche insieme a Silvio Berlusconi.

Quest’ ultimo mi ricordo che faceva il galante con le ragazze, recitandogli poesie di Pascoli o Leopardi puntando cosi, tutto sul romanticismo.

Detto questo, quella sera telefonammo alla discoteca, assicurandoci che Delon avrebbe vissuto una serata in tranquillità, vista la gente che sarebbe sicuramente venuta.
Lo staff del locale divise allora la sala con dei nastri, tipo quelli usati dai Carabinieri, dove c’è il luogo del delitto, per tener lontana la gente. Misero un tavolo solo per noi e ci trovammo così seduti io, Gigi e Alain Delon. Al di là del nastro c’erano tantissime persone tutte ammassate che guardavano…Figurati che Alain Delon davanti all’albergo aveva oltre cento donne che lo aspettavano. Lui era molto simpatico e parlava bene l’italiano. Era un uomo bellissimo e io pur essendo etero, di

fronte a lui mi emozionai, come se oggi vedessi Charlize Theron. Era l'emblema della bellezza maschile dell'epoca. Nel corso della serata gli chiedemmo molte curiosità sulla sua vita e ricordo che dopo quella sera, feci anche parecchie conquiste. Non per merito mio, ma semplicemente, perché ero stato lì con Alain Delon, le ragazze quindi per questo stavano volentieri con me!

Inoltre, già uscire dalla discoteca con Alain Delon voleva dire ritrovarsi con cinquanta fotografi davanti che ti fotografavano e per un mese eri su tutte le riviste. I giornali in quegli anni erano quello che oggi sono i social, cioè strumenti che portavano grande visibilità.

Sempre nel 1983 interpreti *Loris Batacchi* nel film *Fantozzi subisce ancora*. Svelami qualche aneddoto sulla tua scena cult insieme a Paolo Villaggio e Milena Vukotic.

Quella scena in *Fantozzi subisce ancora,* fu girata improvvisando molto. Questo perché prima di tutto Paolo Villaggio già aveva lavorato con me nel programma televisivo *Grand hotel* e poi perché, quando lui vedeva che l'improvvisazione funzionava non c'era più copione che teneva, tranne per alcune cose di base.

Generalmente, occorre avere una base con almeno quelle tre o quattro battute scritte sicure che fanno ridere. Dopodiché ne puoi improvvisare altre sette magari, ma se non hai niente in mano, non ne improvvisi nessuna!

Nella scena quando tiro fuori un vibratore e dico: "Questo lo diamo alla signora che si diverte anche lei..." alla Vukotic, il suo imbarazzo era vero, perché non si aspettava minimamente quelle cose. Come già detto, le arrangiavamo all' improvviso io e Paolo e lei da grande attrice, recitava come se lo avesse saputo. Inoltre Neri Parenti, il regista, mise già varie camere per fare diverse inquadrature. In questo modo, noi attori potevamo improvvisare molto, senza perdere l'autenticità di quello che tiravamo fuori durante la scena, evitando il bisogno di aggiungere altri ciak.

Tutto funzionò alla perfezione, perché ogni cosa era vissuta con grande intesa tra regista, comico e gli altri comici/attori che lavoravano insieme.

Come nacque il personaggio di Loris Batacchi?

Lo creò Neri Parenti e con il mio aiuto prese forma con tutte le sue sfaccettature, a partire dall'abbigliamento per poi passare al suo modo di parlare; dovevamo renderlo trucido. Non è un personaggio vero, ma uno di fantasia che diventava una caricatura delle persone con quelle caratteristiche...

Ad esempio, ci sono quelli che si vantano dicendo: "Io mi sono fatto questa o quell'altra e ho fatto con loro delle cose incredibili..." ma in realtà l'80% di ciò che raccontano sono stupidaggini... cose talmente assurde che ci credono solo loro. Antifemministi totali. Quindi, non diventò un'esaltazione del trucido, ma una sua presa per il culo, dove si esagerava con certi modi di dire o di fare.

Oggi soprattutto sui social, in pagine divertenti come quella di "Filmoni all'italiana", rimane uno dei personaggi della commedia all' italiana anni 80 più amato da grandi e piccoli. Ti aspettavi un successo così grande anche a distanza di quasi quarant'anni?

No, non me lo sarei mai aspettato anche se a me faceva molto ridere, perché ne ho incontrati parecchi di questi "personaggi" nella vita...Nella scena quando improvvisavo, cercavo di dire le cose più trucide che ci potevano essere, perché dovevamo fargli fare la parte dello sfigato. Oggi continua ad essere popolarissimo, perché dentro ognuno di noi c'è sempre un po' di trucido e un po' di sfigato.

"Non ho peli sulla lingua momentaneamente..." cit.

Quella ad esempio, era una battuta inventata da me con il doppio senso, una delle tante che un uomo così avrebbe detto. Nella sua mente, aveva solo ed unicamente "quella cosa" e di conseguenza, quando parlava c'era sempre il doppio senso. Già il fatto che mettesse incinta la figlia di Fantozzi che era praticamente una bertuccia, tra l'altro, interpretata da un uomo (Plinio Fernando), la diceva lunga sul suo conto!

Ti sarebbe piaciuto proseguire come Loris Batacchi in qualche altro film della saga di *Fantozzi*?

No, perché era un personaggio unico che si distaccava da Fantozzi. Quest'ultimo, rappresentava la caricatura di un certo tipo d'italiano, dunque, non c'era altro spazio per il mio personaggio.

Come era il tuo rapporto con Paolo Villaggio?

Un rapporto bellissimo, perché Paolo, era una persona piuttosto scostante a volte tanto che alcuni lo reputavano antipatico o cinico. Si divertiva a prendere in giro tutti, con me invece è sempre stato molto carino, anche se qualche scherzo nei miei confronti non è mancato.

Lui era quello che andava con gli amici a prendere da bere al bar e all'improvviso se ne andava, lasciando tutti lì con il conto da pagare. Questo accadeva, non perché non volesse spendere, dato che era estremamente generoso, ma perché a volte gli piaceva mettere in crisi le persone.

Una volta, venne ad una mia festa con una ragazza che presentò come una sua amica. Verso le 22.30 mi disse: "Sono stanco, me ne vado a casa…accompagnala tu la mia amica!" ed io risposi che poteva stare tranquillo. A fine festa, al momento di accompagnarla, la ragazza mi disse: "Guarda che prima di portarmi a casa dovresti darmi 500 €, la cifra con la quale mi sono messa già d'accordo con Paolo…" Quindi alla fine oltre a doverla riportare a casa, mi sono ritrovato anche a pagarla. Con Paolo non potevi prendertela per queste cose, perché era il suo modo di scherzare…

Pensa che c'erano delle sere in cui lui si metteva a raccontare delle storie vere, accadute durante i suoi set o i suoi viaggi, aggiungendoci però un 60% di fantasia. Passavamo così delle ore ad ascoltare queste storie meravigliose che facevamo morir dal ridere.

Io ero uno dei fortunati tra quelli che gli andavano a genio. Ogni tanto infatti, mi chiamava per sapere come stavo, si preoccupava per me, dandomi così dei bei segni di profondo affetto, dei quali ancora oggi, vado fiero.

Anche nella fiction *Carabinieri,* lui spesso voleva me, perché sapendo che io venivo dal Cabaret, poteva improvvisare qualsiasi cosa ed era certo che io gli sarei andato dietro.

Nel 1984 tu e Gigi siete i protagonisti del film,

Se tutto va bene siamo rovinati.

Dopo il grande successo di *Acapulco prima spiaggia...a sinistra*, Sergio Martino tornò a dirigerci in questo film, dove io e Gigi interpretavamo due malati mentali, apparentemente guariti che vengono coinvolti a causa di una ragazza (Patrizia Pellegrino), in una serie di eventi...Lo girammo a Roma e dintorni.

C'erano dei caratteristi con dei volti davvero particolari nel ruolo dei pazzi che erano fortissimi come: Salvatore Baccaro, Valerio Isidori, Italo Vegliante...

Una delle scene divertenti che mi ricordo era quella dove toccavo il seno ad alcune ragazze, facendogli il verso: "Popi,popi!"...tipo clacson.

Non era proprio un film comico, visto che aveva alcuni momenti malinconici e diversi elementi dei gialli. Proprio per questo, quando uscì, non ebbe lo stesso successo delle nostre precedenti pellicole.

Nello stesso anno prendete parte anche ad un altro grande cult della commedia all' italiana, *L' allenatore nel pallone*. Sono molto curioso di saperne di più...

"Piacere, Andrea Bergonzoni!..." cit.

Anche qui io e Gigi eravamo gasati, perché lavorare con Lino Banfi che è un mito del cinema italiano, era un grande piacere.

Andare a Rio con Banfi per quel film sul mondo del calcio che sapevamo fosse un'idea vincente, era divertente. Ci faceva sentire internazionali. Inoltre era piacevole essere fermati dalle ragazze del posto, solo perché eravamo italiani. Giravamo in spiaggia e vedevamo quei sederi che ispiravano anche le battute da dire nel film come: "la donzelletta vien dalla campagna e la chiappa si bagna". Nonostante fosse piuttosto semplice uscire con quelle ragazze, non era scontato che ti saltavano addosso...magari ti scroccavano la cena e arrivederci e grazie! Comunque essere circondato tutti i giorni da loro metteva allegria...

Era il nostro primo film strutturato, dove avevano speso bei soldi e partecipavano anche calciatori famosi.

Un film importante quindi, che poi ebbe giustamente risultati eccezionali...Ancora oggi è uno dei più visti in Italia.

Che mi racconti invece del sequel del 2008,

***L' allenatore nel pallone 2*?**

Nel secondo film hanno cercato di fare più o meno la stessa storia del primo, purtroppo sbagliando perché dovevano proseguirla, usando tutti gli stessi attori del primo film (Gigi compreso), per fare vedere che fine avessero fatto anziché cambiarli. Avevano pensato che bastasse prendere Banfi per far funzionare il film. Certo la sua presenza, era fondamentale, ma era necessaria anche una buona sceneggiatura e un insieme di personaggi sensati per portare un buon prodotto al pubblico. Mentre invece hanno solo inserito cose inutili. Ad esempio, se nel primo film c'erano tre calciatori, nel secondo ce ne misero dieci, usandoli male per di più; questo non serviva a niente. Anche il mio ruolo in questo sequel era giusto per fare la presenza, ma non aveva un senso concreto.

Era un film che potevi evitare di fare?

Si esatto, lo feci per affetto nei confronti di Sergio Martino e di Lino Banfi.

Lavorare con entrambi è sempre un piacere ed un onore.

Torniamo al 1985 quando arrivò al cinema, *Mezzo destro mezzo sinistro – 2 Calciatori senza pallone.*
In quel film vesti i panni di Andrea Margheritoni, altro personaggio che merita di essere approfondito.

Andrea Margheritoni "The italian socc' mell" cit.

Quel personaggio e tutto ciò che lo riguardava, era in parte una caricatura di Giorgio Chinaglia.

Pensa che nel film quando durante le partite facevo dei passaggi particolari, dei dribbling o altre cose del genere, spesso le gambe inquadrate non erano le mie, ma quelle di Pino Insegno.

Quest'ultimo fu scelto perché aveva giocato in serie D, nel Banco di Roma, dunque era un vero calciatore; perfetto come mia controfigura. Senza contare che lui era presente nel film anche nel simpatico ruolo del calciatore "Carlo Vacca".
A tal proposito c'è da notare che il suo personaggio fu doppiato, cosa al quanto buffa, visto che Insegno ad oggi è uno tra i doppiatori più famosi in Italia. Fu divertente lavorare in

quel film, ma faticoso per quanto riguardava portare dalla mattina alla sera gli scarpini da calcio che non sono affatto comodi. Ricordo che una sera per quanto mi facevano male i piedi, non riuscivo a muovermi dalla camera dell'albergo dove alloggiavo, per andare giù a cenare. Ero talmente inchiodato che non muovevo le gambe a causa dei crampi.

Nel cast c'era il bravissimo Leo Gullotta (con il quale ho avuto modo di recitare nuovamente in *Tango blu* del 1987, *Ladri si diventa* e in *Simpatici e antipatici*, entrambi del 1998), Gianni Ciardo (in quello stesso anno avevamo recitato insieme nel film tv, *Doppio misto*), Isabel Russinova e tanti altri tra cui Milena Vukotic.

Vedere quest'ultima nel ruolo "dell'assatanata" è stato molto comico, perché era un personaggio totalmente diverso da come era lei nella realtà.

Ma quanti schiaffi hai dato in quel film al povero Sandro Ghiani (il brasiliano Gonçales)?... Si vedeva che in quelle scene ti divertivi molto…

Si, si mi divertivo molto, anche perché gli schiaffi glieli davo davvero per stuzzicarlo; non fortissimi, ma forti. Approfittando così del fatto che eravamo in scena e lui non poteva dire niente, né ribellarsi.

Era dura spiegargli che lo facevo solo per fargli fare bella figura. Facendo in quel modo, la sua reazione era più vera e naturale…Comunque, devo ammettere che non era tanto convinto della mia spiegazione!

Nel 1985 ci fu il grande successo del film *I pompieri* dove recitavi insieme ad un cast di pezzi da 90 del cinema popolare italiano.

Recitare in quel film, fu abbastanza divertente, ma anche impegnativo, perché sai quando devi lavorare in mezzo alle fiamme vere e non quelle finte, è tosta!

C'erano delle scene in cui a causa di un incendio, eravamo in un palazzo, (ricostruito a Cinecittà), dove le fiammate che arrivavano, i soffitti che crollavano...Ti portavano a posizionarti in punti ben precisi per recitare, perché se sbagliavi anche di poco, ti poteva arrivare anche una bella fiammata nel sedere!

Mi ricordo che io e tutto il resto del cast: Gigi, Lino Banfi, Paolo Villaggio, Christian De Sica e Ricky Tognazzi, nella pausa dal set andavamo a mangiare in un ristorante di fronte a Cinecittà, dove Villaggio teneva banco. Rompeva le scatole al cameriere dicendo cose del tipo: "Vorrei un piatto di maccheroni, però ne vorrei esattamente trentatré, non di più!"

e poi aggiungeva: “Purtroppo non ci pagano bene, se io facessi una foto giù con il cuoco non potrebbe farmi uno sconto?!...Casomai invece di trentatré maccheroni me ne mette ventinove” e così via, proseguendo per molto tempo. Questo accadeva, tutte le volte che andavamo in quel ristorante, perché lui si divertiva tanto con queste cose; gli piaceva, come già detto, mettere in crisi la gente.

Visto il cast, c’era qualche rivalità tra di voi sul set?

Assolutamente no, eravamo tutte persone che amano questo lavoro. Per quanto mi riguarda, rispetto i colleghi, perciò se posso aiutarli, invece di mettergli i bastoni tra le ruote, lo faccio.

Ogni volta che c’era da fare una controscena, ci aiutavamo a vicenda. Pur avendo finito le rispettive inquadrature, non andavamo via restando così a dare il nostro supporto a chi in quel momento, doveva girare il suo primo piano. Ripensando a tutti i film che ho fatto, devo dire che difficilmente ho trovato qualcuno che scavalcava gli altri.

Essere un bravo attore, prendendo come metafora il calcio, non vuol dire solo saper fare goal, ma anche fare gioco di squadra e al momento necessario, passare la palla ai propri compagni per segnare. Dunque, secondo me, l'egoismo sul lavoro non paga mai.

Qual' è la scena in quel film che ti ricordi con più affetto?

Beh, sicuramente quella in cui ero in caserma sul letto e parlavo nel sonno, alzandomi di scatto dicendo: "Sua moglie è una busona e Ruoppolo non lo sa!"...Senza rendermi conto di essere sentito, proprio in quel momento, da Ruoppolo (Banfi) che poco distante da me, giocava a carte con Spina (De Sica). Quella parte mi faceva molto ridere. Tra l'altro ad interpretare la moglie di Banfi in quel film era una giovanissima Moana Pozzi.

All' epoca hai anche avuto una relazione con Moana vero?

Si, me la presentò Paolo Villaggio proprio sul set di quel film. Rimanemmo insieme per circa sei mesi e poi la lasciai, perché ero abbastanza "biricchino" all' epoca. Era molto impegnativo stare con lei, non ce la facevo fisicamente.

Nel 1991 quando scrisse il libro *La filosofia di Moana* dove dava i voti agli amanti avuti nel corso del tempo, rimasi piacevolmente colpito dei complimenti che mi fece e del mio voto, un bel 7.

Era una persona speciale, molto colta e simpatica, con cui potevi parlare di qualsiasi argomento. Ci rimasi male quando decise di dedicarsi ai film hard. Inoltre qualche anno prima della sua scomparsa, ovvero nel 1991, recitai insieme a lei nel musical televisivo *L'Odissea*, dove io ero Ulisse e lei Penelope.

Come mai tu e Gigi non siete presenti nel sequel, *I pompieri 2 – Missione eroica*?

Perché avevamo già firmato un contratto per girare il film di Maurizio Lucidi, *Il Lupo di mare*. Quando ce lo proposero era ormai troppo tardi. *I pompieri 2 – Missione eroica*, comunque lo vidi in tv, qualche tempo dopo e a parer mio, come sequel era debole rispetto al primo.

Così nel 1987 uscì *Il Lupo di mare*. Che ricordi hai di quel film?

Siamo stati oltre un mese su una nave che era l'Orient Express. Dunque in quel periodo, abbiamo fatto più volte lo stesso viaggio, passando per le isole greche, Budapest, Istanbul ed altri luoghi bellissimi. È stato forte, girare un film in questi posti ed avere l'occasione di scoprirli meglio. Oltre tutto, tieni presente che eravamo su una nave con un centinaio di ragazze bellissime ed anche quello, era un bel vedere.

Non a caso il mio personaggio (Silvestro) nel film ad un certo punto diceva:

"Dicono che qui dentro abbiamo il 95% delle donne. E dicono del Poseidon? Questo qua è il Figheidon!".

Purtroppo non so nuotare minimamente ed ho avuto una paura folle mentre giravo una scena in cui mi trovavo su un piccolo motoscafo insieme a diverse ragazze, ero tutto sorridente, ma dentro di me avevo un enorme paura che potesse ribaltarsi.

C' è qualche altro aneddoto legato a questa tua paura dell'acqua?

Con i Manetti Bros nel 2006, partecipai al terzo episodio della prima stagione di *Crimini.* Il mio personaggio, ad un certo punto veniva ucciso e cadeva nella grande piscina del suo ufficio. Quando mi dissero: "Allora, adesso è il momento in cui ti sparano e tu cadi nella piscina!", mi prese il panico e mi accordai per girare la scena fino ad un certo punto per poi terminarla grazie ad una controfigura.

Pensa però che pur di esibirmi, feci diverso tempo fa un servizio fotografico in piscina, sott'acqua (cosa più semplice di una ripresa televisiva o cinematografica). Mi ero messo dei pesi per non riemergere e giocavo a carte con Gigi. Alcune volte la smania di esibirti può farti passare la paura.

Prendiamo ad esempio la trasmissione *Sabato al circo*, durante una delle puntate, mi feci tirare addirittura dei coltelli, oppure, quando presi dei serpenti boa di tre metri e me li misi intorno al collo o ancora, uscire con un pantera nera al guinzaglio…

Sempre nel 1987 uscì un film molto particolare a cui hai preso parte, *Tango blu*.

Si, era diretto dal grande Alberto Bevilacqua che firmò anche il soggetto e la sceneggiatura. Nel cast oltre a Gigi, c'erano attori come Carlo Dapporto, Franco Franchi, Leo Gullotta e Maurizio Merli, nella sua ultima interpretazione cinematografica. Io nello specifico, lavoravo con Antonella Ponziani, altra brava attrice.

Quello fu un film molto nebuloso e strano con delle cose tra il vero ed il paranormale. Mi ricordo che mentre giravo, le scene del film erano bellissime, poi però riviste a lavoro finito, quando uscì al cinema, risultavano messe male insieme.

Inoltre c'è un curioso aneddoto da raccontare su Franco Franchi. Ogni mattina prima di recitare, si metteva a far "scrocchiare" tutte le sue articolazioni (muovendo le spalle, la schiena, le mani…) questo perché diceva che gli faceva bene. A tal proposito, un giorno mi faceva male un dente e lui mi disse di dargli il piede. Appena tolta la scarpa applicò una pressione in un punto ben preciso e mi fece completamente sparire il dolore.

Passiamo a *Rimini Rimini* che ebbe un grande successo a differenza del suo sequel: *Rimini Rimini – un anno dopo*. Come mai secondo te?

Intanto ti dico che anche mentre giravo una scena di *Rimini Rimini* la mia paura dell'acqua prese nuovamente il sopravvento.

Ero su un gommone e dovevo tirare fuori dall'acqua una ragazza, per farla salire insieme a me che poi mi si buttava addosso. Sono riuscito a finire la scena senza cadere in acqua, ma tremavo molto. Fortunatamente è riuscita in un solo ciak.

Detto questo, i sequel come accadde per *L'allenatore nel pallone 2*, difficilmente vengono bene come gli originali. Non a caso *Rimini Rimini – un anno dopo*, non lo volevo fare.

Mi offrirono prima una parte in cui dovevo lavorare quindici giorni, ma io rifiutai, così decisero di accorciare i tempi e diventò una settimana. Anche a queste nuove condizioni però, non volevo farlo ed alla fine per convincermi mi fecero un contratto strepitoso. Fui pagato molto, per lavorare un solo giorno. Ad esempio in una scena del film dove ci sono io che guardo una ragazza nuda, in realtà ero solo set; pronto a fare tutte le mie inquadrature. Nei giorni successivi, quando ormai ero andato via, furono invece girate le inquadrature della ragazza, unite successivamente in fase di montaggio a quelle che avevo già girato.

Oltre ad essere pagato bene e a lavorare un solo giorno, mi fecero un altro contratto già firmato per un nuovo film, dove avevo la possibilità di scegliere regista e attrice.

Dunque il sequel di *Rimini Rimini* che non volevo fare, mi portò invece ad avere il contratto migliore della mia vita.

Quale fu poi il nuovo film avuto grazie a quel contratto?

Ne parliamo lunedi del 1990 con la regia di Luciano Odorisio (Vincitore nel 1982 del Leone d'oro alla mostra internazionale d'arte cinematografica di Venezia con il film *Sciopén*) dove recitavo insieme alla bravissima e bellissima Elena Sofia Ricci (vincitrice, grazie a quel film, dei premi come miglior attrice ai David di Donatello e Ciak d'oro).

Era un mio tentativo di cambiar registro, volevo essere più attore e meno un comico che pur cambiando il contesto del film, faceva sempre lo stesso personaggio in coppia con Gigi (es. Gigi e Andrea al mare, in crociera, camionisti, calciatori ecc..).

Rimasi molto soddisfatto di quell'esperienza, perché passare dal genere comico ad un genere drammatico/giallo come quello, era un bel passo in avanti per migliorare la mia carriera dal punto di vista recitativo, misurandomi con ruoli diversi. Inoltre, voglio ricordare che ebbi il piacere di tornare a lavorare con Luciano Odorisio nel 1992, quando firmò la regia di *Monolocale*, uno spettacolo teatrale interpretato da me e Gigi.

Parlando di teatro, è vero che sei stato ad un passo dall'essere diretto dal grande Giorgio Strehler?

Eh già, fu una grande occasione persa. Giorgio Strehler mi contattò, perché voleva affidarmi un ruolo nel rifacimento de *Le Memorie di Goldoni.*

Felice ed intimorito, incontrai il Maestro che mi mise subito a mio agio e mi parlò del suo progetto…
Accettai subito, firmai il contratto ed eravamo ad un passo per fare anche una bella copertina per Tv Sorrisi e Canzoni.

Purtroppo però non se ne fece più niente, perché Strehler venne a mancare un mese dopo. Un vero peccato, sarebbe stato meraviglioso, lavorare con un Mostro Sacro come lui.

Ci fu qualche altra occasione persa simile a questa?

Si certo, ad esempio, un'altra grande occasione persa ci fu, quando mi chiamò Gigi Proietti per propormi di fare a teatro il rifacimento del film *Venga a prendere il caffè da noi* del 1970, con Ugo Tognazzi. A me sarebbe spettato il ruolo del protagonista, nel film interpretato appunto da Tognazzi, ma Proietti ad un certo punto, accantonò il progetto per alcuni impegni televisivi e non lo riprese più.

In ogni caso il fatto di aver conosciuto ed esser stato scelto per lavorare insieme a due personaggi straordinari come Strehler e Proietti, resterà per me sempre motivo d'orgoglio.

Mettiamo un attimo da parte il cinema perché sono curioso di sapere qualcosa in più sul grande successo televisivo della serie *Don Tonino.*

Mi è piaciuto veramente tanto fare quella serie, perché io figlio di un sacrestano, ritornavo nell'ambiente della chiesa. ,Era un ritornare indietro nel tempo a quando ero bambino e passavo dei bei momenti con mio padre in sacrestia.

Sai, quando tu fai delle cose che ti riportano alla fanciullezza è sempre una bella sensazione, perché ricordi quando avevi ancora tutto da sbagliare, da scoprire e da inventare. Se ci fai caso nella vita, tante volte capita di fermarci da qualche parte, solo perché sentiamo un odore, vediamo un colore, un luogo, una luce...che ci riportano indietro nel tempo a quando eravamo bambini. Siamo dunque sempre alla ricerca di quelle atmosfere vissute che poi purtroppo perdiamo diventando grandi.

Sapevo già vestirmi da prete, dato che avevo visto mille volte tutte le fasi della preparazione di un prete prima della celebrazione. Conoscevo perfettamente anche la messa a memoria sia in latino che in italiano. Fu mia nonna ad insegnarmi le prime preghiere in latino. Lo studiai anche al liceo, sapevo coniugare molto bene anche i verbi.

Un altro motivo per cui sono affezionato a Don Tonino, sono le vicende raccontate in ogni episodio perché mi ricordavano in parte i film di Don Camillo e Peppone che adoro. Ci tenevo molto a quel personaggio tanto che lo avevo curato nei minimi dettagli, proprio perché mi sentivo anche se in maniera minore, di essere il nuovo *Don Camillo*.

Questa serie ha spianato la strada ad altri prodotti televisivi come *Don Matteo* o *Che Dio ci aiuti*. Le storie dei preti hanno sempre funzionato in tv, non a caso noi per quella serie c'eravamo ispirati in parte a *Padre Brown*, interpretato da Renato Rascel negli anni 70.

A questo punto la domanda sorge spontanea...

Sei credente?

Si, non sono un bravo cristiano, perché non vado tutte le domeniche a messa, ma sono uno di quelli che ci credono. Per esempio la sera di Natale io e mia moglie andiamo a Piazza S. Pietro a vedere il presepe.

Pensa che io lo tengo in casa tutto l'anno insieme a l'albero di Natale. Anche ora che siamo a Febbraio le luci del il mio albero di Natale sono accese e lo stesso anche per quelle del mio presepe. Quando si avvicinerà nuovamente il Natale, cambierò magari qualche palla all'albero, il muschio al presepe e aggiungerò casomai qualche statuina.

Da dove nasce questa particolare tradizione?

Molto probabilmente perché mi ricorda mio padre che facendo il sacrestano in una chiesa, nel periodo natalizio, si occupava insieme ad altri ragazzi della parrocchia, della realizzazione del presepe per la chiesa.

Ogni anno veniva fuori una vera e propria opera d'arte.
Era molto grande, con oltre centro statue realizzate da un famoso scultore, per non parlare poi di tutti i dettagli curati nella sua realizzazione. Mio padre era molto fiero dunque del suo presepe.

La sera di Natale, dopo aver cantato in chiesa (Io e Gigi per un periodo abbiamo fatto parte del coro), andavamo ad ammirare l'opera di mio padre che sentendosi come Leonardo Da Vinci, con orgoglio mostrava a tutti il suo presepe.

Quella sera per me era la più bella dell'anno e non potrò mai dimenticare quella stupenda espressione soddisfatta che mio padre aveva in quell' occasione.

Oggi quando mi chiedono: "Per Natale che regalo vorresti?" io senza pensarci due volte, rispondo sempre: "Vorrei un'ora di quando ero bambino per poter riapprezzare il presepe come quando ero piccolo e stavo insieme ai miei genitori"

Riprendiamo a parlare della tua filmografia con i cinepanettoni degli anni 90.

I miei cinepanettoni furono: *Vacanze di Natale 90, Vacanze di Natale 91, Anni 90* e *Anni 90- parte seconda*, tutti diretti dal grande Enrico Oldoini. I primi due erano molto carini, anche perché c'erano delle storie più originali rispetto ai cinepanettoni degli ultimi anni. Mi sono divertito tanto a girare *Vacanze di Natale 91* perché ero in coppia con Nino Frassica che stimo molto.

Inoltre in quel film c'era anche il mitico Alberto Sordi ed è stato fantastico vederlo in azione. Pur non avendo delle scene con lui, lo andavo a vedere sul set per osservare come lavorava. Fu meraviglioso, era perfetto tecnicamente come lo era Monica Vitti, Gassman, Tognazzi e gli altri grandi come lui. Un vero e proprio manuale vivente di come saper recitare curando ogni minimo aspetto.

Pensa che di fronte al mio caminetto ho una bella foto promozionale, dove ci sono io e tutto il resto del cast. Leggere il mio nome scritto in grande, accanto a quello di Sordi, nella locandina del film, per quanto mi riguarda è stato come vincere un Oscar.

Parlando invece degli altri due film, *Anni 90* e *Anni 90 - parte seconda*, in tutti e due c'erano diversi episodi che ricordo con piacere. Mi divertirono le pubblicità regresso presenti nel primo film e l'episodio che preferisco è quello nel suo finale, dove c'eravamo io e Frassica che dopo aver finito di giocare una partita a squash, dovevamo prendere la metro e ci imbattevamo in quelli che pensavamo esser due brutti ceffi. Impauriti dunque iniziavamo a correre e proprio perché scappavamo, anche quest' ultimi, si misero a correre. Pian piano più di un centinaio di persone si ritrovarono a correre, senza che nessuno sapesse realmente il perché...con tanto di finale dove appariva Hitchcock che diceva: "Questo breve racconto di vita notturna urbana ci insegna che la paura è un male contagioso da cui la celebre massima, che chi scappa, fa più paura del perché scappa". Era molto carina come idea.

Nel 1997 e nel 1998 sei tra gli interpreti di due film corali diretti da due tuoi amici: *Gli inaffidabili* di Jerry Calà e *Simpatici e antipatici* di Christian De Sica.

Essere in quei due film era uno modo per ritrovarsi con amici che magari non rivedevi da tanto tempo.

Tieni presente che negli anni 80 con Jerry, gli altri gatti di Vicolo Miracoli, Diego Abatantuono, Gigi...l'estate a Riccione prendevamo una casa insieme. C'era una via vai di belle ragazze che non ti dico e poi ovviamente andavamo a fare le serate che ci occupavano ogni giorno. Mi ricordo in quel periodo, avevo una macchina sportiva e Jerry una bella station wagon. Tutte le sere ce le scambiavamo per far finta con la gente che ci vedeva, di avere più macchine.

Detto questo, mi ricordo che giravo *Gli inaffidabili* di sera e mi divertivo molto, perché stavamo appunto tra amici, mentre la mattina ero sul set di un film per la tv *La storia di Gigi2* dai toni drammatici in cui avevo un ruolo serio. Passavo dunque nella stessa giornata da un ruolo ad un altro.

Per quanto riguarda *Simpatici e antipatici,* il mio personaggio si ispirava a quello del proprietario di un famoso ristorante romano, molto frequentato dalla gente dello spettacolo...

La storia in quel film era molto attuale visti i temi trattati ed alcuni personaggi, come ad esempio quello interpretato da Gianfranco Funari. Christian fu davvero in gamba come regista. Del resto già avevo notato la sua bravura, nel suo esordio dietro la macchina da presa con *Faccione,* interpretato da Nadia Rinaldi.

Nella tua lunga filmografia ci sono anche film che hanno avuto meno fortuna rispetto a quelli nominati fino ad ora...Raccontami qualcosa a riguardo.

Dalla fine degli anni 90 in poi, ho partecipato anche a film minori, realizzati da privati come: *Ho ammazzato Berlusconi, Cenere, La corona spezzata, 80 voglia di te* ecc...

Purtroppo non sempre i film sono fortunati anche se alcuni di questi avevano di base idee carine. Colpa anche della distribuzione che a volte può penalizzare molto un prodotto anche se valido.

Mi sorprese ad esempio quello che successe con il film *T'amo e t' amerò* del 1999 diretto da Ninì Grassia. Riuscì soltanto con gli incassi in Campania a battere film usciti con grandi distribuzioni a livello nazionale. In quella pellicola interpretavo il padre del protagonista, Luciano Caldore, cantautore napoletano molto amato soprattutto al sud.

Nel 1998 sei tra i doppiatori di un film molto amato, *Il dottor Dolittle*. Ti è piaciuta quell' esperienza?

Mi chiamò Tonino Accolla che è stato uno dei più grandi doppiatori italiani, scomparso troppo presto. Accolla oltre ad essere nel film la voce di Eddy Murphy, era anche il direttore del doppiaggio. Gli venne l'idea di far parlare la tigre con un accento romagnolo, per il quale fui scelto.

Fu molto divertente, anche perché mi disse di sforzare ogni tanto il mio accento, in modo da rendere questa tigre oltre che possente anche buffa, data la sua parlata.

Purtroppo, non ho avuto più altre occasioni di cimentarmi in progetti divertenti come quello. Ho comunque sempre continuato a doppiare solo me stesso, quando era necessario, nei casi in cui mi capita di girare alcune scene in presa diretta o come negli ultimi tempi in cui ho girato una serie in lingua francese.

Dal 2002 al 2008 interpreti l'appuntato Costante Romanò nella popolare fiction *Carabinieri*.

Fu una serie molto simpatica che ebbe molto successo, ancora oggi molte persone m'identificano con il personaggio di Costante Romanò; penso sia anche una delle fiction più replicate.

Ho lavorato durante tutti quegli anni insieme a tantissimi attori e attrici come Pino Caruso, Roberto Farnesi, Dario Ballantini, Manuela Arcuri, Roberta Giarrusso, Eleonora Di Miele, Luca Argentero, Vincenzo Crocitti, Paolo Villaggio e molti altri ancora...

Io e Alex Partexano (Antonio Mura nella fiction) siamo gli unici che hanno partecipato a tutte e sette le stagioni.

Se avessero voluto continuare ad investirci, sarebbe stato bello realizzare nuove puntate. Molte volte la qualità del prodotto come per il cinema è penalizzata dagli incassi che si possono ottenere...

Nel 2003 partecipi a due film degni di nota *Ricordati di me* di Gabriele Muccino e *Tosca e altre due* di Giorgio Ferrara con soggetto e sceneggiatura di Franca Valeri. Che ricordi hai riguardo queste due pellicole?

Mi chiamò Muccino per fare una partecipazione in *Ricordati di me* ed una delle cose carine di quell'esperienza fu di recitare insieme a Pietro Taricone che era davvero una bella persona. Per non parlare poi della bravissima Laura Morante con cui avevo una simpatica scena. Essere con attori come loro o registi come Muccino è anche questo un premio per chi come me ama questo lavoro.

Mentre in *Tosca e altre due* di Giorgio Ferrara avevo il ruolo di Padre Anselmo. Ero felice di lavorare al fianco di Adriana Asti (Iride nel film), perché da bambino per me era un sex simbol.

É stato importante essere nell'ultimo film interpretato dalla grande Franca Valeri, tratto da una sua opera teatrale. Non a caso la struttura narrativa e visiva erano molto particolari…

Durante la lavorazione del film *Almeno tu nell'universo (2010)*, accadde qualcosa che cambiò la tua vita...

In quel film recitavo insieme a Giulia Elettra Gorietti.
La sera andavamo a mangiare insieme, essendo colleghi di lavoro e Nicole, la mamma, le telefonava per dirle: "Dove sei? A pranzo? Con chi? Con Andrea Roncato? Lascialo stare, è uno che va dietro alle ragazzine!".

Era così preoccupata che telefonicamente cercai anche di tranquillizzarla, dicendole che Giulia la trattavo come una figlia. Visto che Nicole continuava a non essere serena, intelligentemente Giulia organizzò un incontro.

Così ho conosciuto Nicole, mi sono innamorato di lei e dopo sette anni di fidanzamento, il 22 Ottobre del 2017 ci siamo sposati.

Dico sempre per scherzaci su che si è sacrificata per salvare la figlia.

Nel 2011 Pupi Avati ti contatta per recitare nel film *Il cuore grande delle ragazze* che segna l'inizio di una ulteriore svolta della tua carriera. Raccontami come andò...

Conoscevo personalmente Avati già diverso tempo prima della sua chiamata per quel film. Per me lui è come Fellini. Lo adoro, perché ha saputo raccontare con i suoi film delle storie magnifiche con quello spirito bolognese che ci accomuna.

Con molto garbo e timidezza ho sempre cercato, quando andavo a salutarlo, di fargli capire quanto mi sarebbe piaciuto poter lavorare con lui. Così un giorno all'improvviso mi chiamò al telefono e mi disse: "Guarda ci sarebbe una parte molto bella in un film che devo girare...Non so se tu sarai in grado di farla, però potresti provarci...".

Avendo visto solo i miei film comici dubitava delle mie capacità in ruoli più complessi, ma voleva comunque darmi una possibilità. Prima di chiudere la telefonata aggiunse: "Tieniti la barba incolta...serve abbastanza lunga. Se hai i capelli scuri, smetti di tingerli perché devi averli grigi".

In seguito andai da lui che mi fece leggere la parte e mi parlò di questo personaggio, Adolfo Vigetti, padre del protagonista interpretato da Cesare Cremonini.
Dopodiché andai a provare i costumi di scena e già li notai una cosa speciale.

Pupi mi disse di provare una giacca ed io tra quelle che erano disponibili, presi istintivamente quella che mi stava meglio. Me la misi, mi guardai allo specchio e fui soddisfatto della mia scelta. Pupi invece guardandomi mi disse: "No! Mettiti quella laggiù!" indicandomi un'altra giacca da me scartata, perché era quella che mi stava peggio. Me la misi, ma era veramente brutta, mi stava malissimo. Feci perciò notare a Pupi la mia repulsione per quell'indumento. Lui a quel punto mi disse: "Se tu facessi la parte di Adolfo con la giacca che avevi scelto, ci sarebbe un po' di Andrea Roncato nel personaggio. Lo spettatore vedrebbe perciò Adolfo indossare la giacca scelta da Andrea Roncato. Mentre il tuo personaggio deve avere la giacca che sceglierebbe lui e nessun altro". La giacca scelta da me dunque è proprio quella che sceglierebbe Adolfo a differenza di quella scelta da te. Devi immedesimarti al 100%

nel tuo personaggio perché solo così ti verrà bene.''
Mi ritrovai quindi a lavorare con un regista che oltre la bravura tecnica aveva un grande contatto con gli attori.

Prima di girare una scena con Avati dovevi provarla vicino a lui, dopodiché ti consigliava ad esempio, come impostare la voce, la mimica facciale e tante altre piccole cose per riuscire al meglio. A quel punto, anche tu sentivi quando la scena ti era venuta bene, lui ovviamente lo sapeva, ti guardava e ti diceva semplicemente: "Ok!".

Mi ricordo di una volta che lo feci anche piangere, durante una mia scena nella miniserie *Un matrimonio (2012)*. Un prodotto per la tv bellissimo che ripercorreva la storia d'amore fra due bolognesi dal 1948 al 2005 interpretati rispettivamente da Flavio Parenti e Micaela Ramazzotti. Il mio ruolo, anche lì era quello di un padre, questa volta della protagonista, Micaela Ramazzotti che considero una delle migliori attrici del panorama italiano attuale. La particolarità dunque, di iniziare l'interpretazione del mio personaggio quando era un cinquantenne e finirla quando ne aveva novanta, era una prova d'attore stimolante. Mi accorsi ancora una volta che più ti allontani dal personaggio che sei nella vita reale, anche anagraficamente parlando, più riesci ad interpretarlo meglio. Dunque più andavo avanti con gli episodi, più diventavo bravo, perché non ero più io, ma solo Sisto (il mio personaggio), ormai cambiato in tutto e per tutto. Una scena molto toccante è quella dove Sisto è a letto perché molto malato, mentre dialoga con il figlio. Quest'ultimo doveva partire per il Brasile, così lui che in passato c'era già stato, gli raccontò la sua esperienza, dandogli consigli, anche se, in realtà quello che stava facendo era una sorta di testamento, perché sentiva di essere giunto alla fine dei suoi giorni. Quando poi finimmo di girarla, Avati mi disse piangendo: "Guarda, non volevo dare lo stop, perché era bellissima...". Fu per me, veramente appagante.

Dopo quelle due meravigliose esperienze con Avati, ho avuto il piacere di lavorare con lui anche nei film: *Le nozze di Laura (2015), Il fulgore di Dony (2018)* e *Il signor Diavolo (2019).*

Quando reciti nei suoi film è impossibile non esserne coinvolti e i copioni sono talmente intensi che ti commuovono fin dalla prima lettura.

Dimmi qualcosa del tuo personaggio interpretato in *Notti magiche (2018)* di Paolo Virzì

Il personaggio di Fosco, il regista, che interpretai è realmente esistito e fu molto simpatico il fatto di parlare in romanesco. Non era una parlata da vero romano, ma da romano acquisito. Nonostante fossero tanti anni che viveva nella capitale, pur non essendo del luogo, era riuscito ad assimilare il dialetto.

A tal proposito devo dire che nel cinema italiano c'è stato un periodo in cui nella maggior parte dei film, nella recitazione si sceglievano spesso attori romani che parlavano il dialetto romanesco. Per carità era tutto piacevole, ma sarebbe stato meglio far lavorare anche attori di altre regioni e di conseguenza dare più spazio anche agli altri dialetti.

Ricordiamo che non hai mai smesso negli anni di alternare il tuo lavoro al cinema con molti prodotti televisivi oltre i già citati *Don Tonino* e *Carabinieri*, hai partecipato a film tv a fiction di successo come: *I misteri di Cascina Vianello, Crimini, Il capitano, Il restauratore 2, Provaci ancora Prof 6, Don Matteo 10, L' ispettore Coliandro, Liberi tutti* e tanti altri fino ad arrivare in una serie francese su Netflix: *La mitomane (Mytho)*. Riguardo quest' ultima, raccontami, come ci sei finito in un prodotto del genere?

La mia agenzia mi disse che per quella serie erano alla ricerca di un attore che aveva le mie caratteristiche, così mi propose alla produzione.

Fortunatamente me la cavo con il francese, quindi mandai un video al regista che servì come provino, in cui mi presentavo parlando in francese.

Successivamente lui stesso mi contattò su Skype ed iniziò la mia avventura in Francia. Il ruolo che avrei dovuto interpretare era quello del padre della protagonista, un italiano sposato con una francese che alla sua morte, avrebbe dovuto vedersela per una serie di motivi con sua figlia. Un personaggio al quale era riservato un particolare percorso che si sviluppava durante gli episodi.

Mi spiace che molte scene a cui ho preso parte nella seconda stagione, sono state tagliate, probabilmente a causa della pandemia da Covid-19 che ha influito anche sulla sceneggiatura ed altri aspetti tecnici.

Ciò non toglie che sia stata comunque una bella esperienza. Senza fare spoiler, ci sono delle scene molto profonde. riguardanti il mio personaggio.

Nell'Estate del 2020 sei tra gli interpreti di un film molto apprezzato dai giovani: *Sotto il sole di Riccione*. Parlami del tuo personaggio che in parte strizza l'occhio a quello del mitico Batacchi.

"Io sono il motore di ricerca della gnocca!..." cit.

Gualtiero, il mio personaggio nel film è una sorta di Loris Batacchi 3.0 meno trucido e più saggio. Una persona sola che vive unicamente di ricordi, ma è amato dai giovani che nel corso della storia gli daranno anche una mano dal punto di vista sentimentale. La sceneggiatura del film è di Enrico Vanzina, la regia invece degli YouNuts!, due giovani molto promettenti.

Ci sono delle riprese così particolari che Riccione sembrava Miami, questo per dirti che il loro modo di girare era molto innovativo dal punto di vista tecnico. A loro mancava invece avere quel rapporto con l'attore che per un regista come Avati è fondamentale. In quel film era Vanzina, sempre presente sul set, che cercava di dare le indicazioni agli attori; dividendosi così i compiti con i registi.

Hai personalizzato molto il personaggio?

Non è servito più di tanto, perché i registi avevano nella loro testa Loris Batacchi, dunque il ruolo era stato pensato per me. Mi proposero quel film del tutto casualmente.

Ero andato a vedere una mostra di pittura ed incontrai un ragazzo che mi fermò dicendomi di essere della produzione del film *Sotto il sole di Riccione*. Proprio in quei giorni i registi del film avevano fatto il mio nome.

Per loro quindi, il personaggio di Gualtiero dovevo essere io, per cui quella sera, fui invitato a fare un provino per la parte.

Hai partecipato a qualche nuovo film ultimamente?

Ho girato quattro film, tutti diretti da alcune bravissime registe. Il primo è *Selfiemania.* un prodotto internazionale, dato che il film è composto da quattro episodi girati in Austria, Russia, Usa e Italia, ciascuno con propri cast e regia. Io dunque recito nell'episodio italiano, accanto a Milena Vukotic e diretto da Elisabetta Pellini che ha anche dato vita all' intero progetto.

Il secondo si chiama *Vecchie Canaglie* con la regia di Chiara Sani che è anche una brava attrice ed ha lavorato tra le altre cose in diversi film di Pupi Avati. Si tratta di una bella commedia all'italiana con dei toni anche malinconici, dove recito insieme a Lino Banfi, Greg, Alessandro Haber, Pippo Santonastaso…

Il terzo *Evelyne tra le nuvole* diretto da Anna Di Francisca ambientato in provincia di Reggio Emilia, racconta della possibilità di "convivenza" fra le nuove tecnologie e la natura incontaminata. Nel cast ci sono Violante Placido, Eleonora

Giovanardi, Antonio Catania ed altri attori francesi.

Infine l'ultimo si chiama *La California* diretto da Cinzia Bomoll. Il titolo, ovviamente, potrebbe far pensare alla California degli Stati Uniti, ma non centra nulla. È invece una bella storia, ambientata in Emilia Romagna che parte dagli anni 40 proprio in una zona chiamata all' epoca "La California". La cosa molto importante di questo progetto è che si tratta di una storia scritta da Piera Degli Esposti.

Lei sarà presente nel film come voce narrante che registrò purtroppo poco prima di lasciarci. Il mio ruolo è quello di un vecchio partigiano che dopo un glorioso passato cambia il suo stile di vita...Ritroviamo in questo film Eleonora Giovanardi che interpreta mia figlia e ho diverse scene anche insieme al duo musicale, Le Donatella. Due ragazze che dal punto di vista attoriale mi hanno piacevolmente sorpreso. Ho ritrovato nella regista, lo stesso contatto che Pupi Avati ah con gli attori. Oltre ad essere molto preparata a livello storico è stata anche scrupolosa sul set; insomma per quanto mi riguarda, credo che Cinzia Bomoll, possa diventare "l'Avati" al femminile.

C'è un film negli ultimi tempi che avresti voluto interpretare, ma non ci sei riuscito?

Ce ne sono diversi, ma recentemente mi sarebbe molto piaciuto interpretare il ruolo di Giuseppe Sgarbi nell' ultimo di film di Pupi Avati *Lei mi parla ancora.*

Sono contento comunque che lo abbia fatto Renato Pozzetto, perché è stato straordinario e Avati ha fatto perciò la scelta giusta.

Pozzetto ha dimostrato ancora una volta quello che io sostengo da sempre ovvero che per far ridere, bisogna saper far piangere.

Man mano che siamo andati avanti con la tua filmografia ho notato ad un certo punto la tua decisione di rischiare per concentrarti in ruoli più maturi rispetto a quelli a cui il pubblico si era abituato. Sbaglio?...

No. Credo di essere abbastanza intelligente e di capire il pubblico. Se all'età di trentacinque/quaranta anni andavi in giro a correre dietro a tutte le donne nei film, quando poi arrivi ad averne sessanta, diventi patetico se fai ancora quelle cose. Ho deciso dunque di cercare sempre film inerenti alla mia età. Se nei film di una volta ero l'amante di una donna, ora sono il padre o addirittura visto che ho settantacinque anni, il nonno. Mi spiace molto vedere comici che mi sono vicini anagraficamente, continuare a fare ruoli adatti ad un giovane. Ho rischiato nel portare avanti questa mia scelta, però è stato bellissimo essere ad esempio nei film di Pupi Avati con ruoli più seri ed essere finalmente notato anche dalla critica che invece mi snobbava, visti i film comici che abitualmente facevo. Ciò non toglie ovviamente che ancora so far ridere e potrei fare altri film divertenti, *Sotto il sole di Riccione* ne è un esempio.

Quando hai iniziato la tua carriera, quali erano i tuoi miti del cinema italiano?

Beh, a parte i classici: Totò, Tognazzi, Sordi, Manfredi, Gassman e Mastroianni...come comicità era Pozzetto il mio mito, perché aveva trovato un nuovo modo di far ridere. É più semplice dire correttamente delle battute e far ridere, mentre i tempi comici sono la vera comicità. Pozzetto ha tirato fuori il vero Non sense. Molti comici oggi dicono una cazzata e la fanno passare per non sense...Invece è solo una cazzata e basta!

Oltre ad aver parlato di Sordi ai tempi di *Vacanze di Natale 91*, ora ti racconto un bel ricordo anche del grande Ugo Tognazzi.

Era il 1988 e Ugo Tognazzi era venuto a Bologna per portare a teatro *L'avaro* di Moliere. Io che già l'avevo conosciuto, perché ero stato a casa sua ad una cena, in cui aveva cucinato lui, (era un grande appassionato di cucina). Andai a vederlo a teatro e poi lo invitai a mangiare in un rinomato ristorante di

Bologna. Si trovò molto bene e una volta finito di mangiare alle due di notte, ci incamminammo verso il suo albergo che era in una via del centro tutta sotto i portici. Bologna era deserta, c'ero solo io intento ad ascoltare lui che mi raccontava tutte le avventure della sua vita.

Passai così tutta la notte, fino alle prime luci dell'alba a camminare avanti e indietro sotto questi portici che fanno un po' da cassa armonica, nel silenzio della notte dove si sentivano solo i nostri passi ed i suoi racconti.

Un ricordo che per me è un vanto. É stato come avere al proprio fianco Leopardi che ti raccontava le sue poesie prima di coricarsi.

Qual è il più bel premio che hai ricevuto nella tua carriera?

Il premio più bello è quando ad esempio entri in un ristorante o cammini per strada e la gente sorridente ti viene incontro, ti abbraccia e ti tratta come fossi un familiare.

Dal punto di vista materiale, dei premi ai quali sono molto legato sono i Telegatti. Erano premi prestigiosi, consegnati durante il *Gran Premio Internazionale dello Spettacolo*, ideato e realizzato dalla rivista *Tv Sorrisi e Canzoni*. Questi venivano assegnati grazie ai loro lettori che votavano i programmi e i personaggi migliori della stagione televisiva trascorsa, divisi in categorie. Ne vinsi quattro insieme a Gigi e il punto di forza per questi riconoscimenti, fu proprio dato dal fatto di aver affidato alla gente la scelta della votazione. Inoltre era meraviglioso durante la cerimonia, essere seduti accanto a star internazionali che venivano in Italia appositamente per ritirare il loro premio.

Non nego che sarebbe un piacere, ricevere per la prima volta premi come il Nastro d'argento, il Leone d'oro o anche il David di Donatello.

Come sai, il cinema italiano degli anni 70/80/90 oggi rivive molto sui social. A tal proposito visto che sei presente con una tua pagina sia su Facebook che su Instagram, qual è il tuo rapporto con questi social?

Io sono un attore e non un influencer.
Molte volte l'influencer è una persona che mostra se stesso per far in modo che la genti s'innamori di lui, mentre, sarebbe molto meglio (ed alcuni fortunatamente lo fanno) mostrare alle persone le proprie capacità.
Essere amato dal pubblico anche sui social è sempre meraviglioso. Senza il loro supporto ed apprezzamento nei miei confronti, oggi non farei questo mestiere. Mi dispiace vedere ogni tanto qualche mio collega fare "il prezioso" con i fan che vogliono un selfie o un autografo. Noi attori siamo fragili e sono gesti come quelli che ti fanno sentire qualcuno. Se non ci fossero dimostrazioni come quelle, noi chi saremmo?!...

Mi dispiace invece vedere i commenti dei cosiddetti "Haters", coloro che godono solo offendendo le persone. Purtroppo, la cattiveria esiste e non cesserà mai. Qualche tempo fa ad esempio, ho ricevuto un messaggio dove un profilo fake mi scriveva: “Vecchio drogato” e simpaticamente gli ho anche risposto: “Ok hai ragione tu, ciao” con tanto di emoticon dell’applauso. Non c’è niente da fare con gente così…

Nel mio caso, tirano ancora fuori, la storia della droga, perché mi hanno catalogato. Non si ricordano però che fu solo una triste parentesi della mia vita, risalente a oltre vent’anni fa, raccontata con coraggio in tv per cercare di avvertire le persone a non fare i miei stessi errori. É più difficile invece, trovare messaggi di stima perché faccio l'ambasciatore per i bambini disabili nel mondo o aiuto gli animali...

I social sono un buon modo per comunicare, ma come tutti i mezzi di questo tipo, dovrebbero essere usati con un minimo di cervello. É orrendo infatti, vedere il video di un episodio di bullismo, ripreso da qualcuno e postato su facebook o deprimente, trovare la foto di una ragazza che mostra il sedere su instagram, solo per avere più followers. I social invece, erano nati per avere uno scopo costruttivo, ma il genere umano purtroppo riesce a rovinare tutto quando ci si mette. Chi ci perde molto, sono i giovani che assorbono moltissimo da quello che vedono su Facebook e Instagram.

Pensano che sia importante solo apparire, perdendo così di vista i veri valori della vita.

Non tutti sanno che oltre ad amare il tuo lavoro, sei anche un grande amante degli animali. Vorrei sapere dunque quando è nato questo amore?

Da bambino l'estate andavo spesso in campagna da mia nonna per due, tre mesi. Mi ero abituato a stare davanti ai buoi, a sentire la sera il calore delle mucche nella stalla, dove i miei zii si radunavano, quando faceva freddo per riscaldarsi e approfittarne per giocare a carte. Avevo imparato a non aver paura di nessun animale e ad amarli tutti. In particolar modo a seguito di un'esperienza dolorosa vissuta durante gli anni del mio grande successo. Il mio bellissimo cane che lasciavo sempre ad altre persone un giorno morì. In quell' istante fui assalito da un grande rimpianto per tutte quelle carezze che non gli avevo mai dato e compresi tutti i miei errori. Mi feci schifo, bisogna avere rispetto degli esseri viventi che si legano alle nostre vite. Non a caso, ho tutt'ora cinque cani, un tacchino, un gallo, una gallina, un cavallo, quattro gatti, un coniglio...proprio perché mi è rimasto questo grande amore per loro, perciò li ho tutti a casa con me.

Poco tempo fa sul set di un film che sto girando *La California*, eravamo in un allevamento di maiali, dove una maialina ha girato alcune scene con noi. Alla fine delle riprese, per salvarla dal macello, l'ho acquistata e portata in un istituto per fare la pet therapy dove ci sono dei bambini disabili. Feci una cosa simile anche quando girai la serie *I misteri di cascina Vianello*. In un episodio c'era un toro Miura che restò sul set per quindici giorni. All'inizio era molto aggressivo, però io pian piano, quando passavo dalle sue parti lo accarezzavo ed alla fine, mi sopportò. Non dico che mi amasse, ma non era più cattivo come prima, anzi, era lui che si avvicinava a me e si faceva accarezzare sul muso. Quando finì il suo impegno sul set, venni a sapere che lo avrebbero portato al macello. Mi sentii molto abbattuto dopo quella scoperta, così andai a chiedere quanto costasse il toro se me lo fossi comprato io. Lo pagai un milione e mezzo, lo portai da un mio amico vicino Milano che aveva una risaia e lo mantenni fino alla sua morte naturale.

Leggendo altre tue interviste mi ha colpito molto sapere che questo tuo amore per gli animali vorresti portarlo anche in un film diretto da te.

Esattamente. Ho scritto ormai quindici anni fa, la sceneggiatura per un film dal titolo *L'uomo dei cani* che sono già due o tre volte che ho cercato di produrre, ma risulta piuttosto difficoltoso, perché ci sono molti animali.

É La storia di un uomo che inizialmente odia i cani, ma un importante avvenimento nella sua vita, gli farà totalmente cambiare la sua prospettiva nei loro confronti. Inizierà dunque, ad amare questi animali e addirittura a raccoglierli dalla strada per farli vivere con lui in campagna. A questo punto le cose si complicheranno…non posso svelare di più. Oltre ad essere

difficoltoso, avere su un set quindici/venti cani, lo è ancor di più, riuscire a trovare attori adatti. Non solo perché devono essere in grado di lavorare con degli animali, ma perché molti attori hanno paura di farsi rubare la scena da loro. Prendi ad esempio il film *Hachiko- il tuo migliore amico*, lì non è

Richard Gere, seppur bravissimo il protagonista, ma il cane. La mia intenzione sarebbe dunque quella di fare solo il regista per questo film, chissà che prima o poi non ci si riesca...

Visto che stiamo parlando di amore per gli animali ne approfitto per invitare tutti i lettori di questo libro a sostenere la ***Crosspit ODV*** che nasce dalla conoscenza e dall'esperienza maturata con Pitbull, Amstaff e affini senza distinzione.

Il primario scopo di questa organizzazione di volontariato (ODV) è la tutela ed il benessere dell'animale in ogni sua forma. Si parte quindi dal recupero effettivo dell'animale sul territorio. Si passa poi alla valutazione della situazione psicofisica. Infine si esegue il protocollo di reinserimento in adozione con iter pre e post affido. Le principali situazioni trattate saranno cani provenienti da: randagismo, sequestri, cessioni da privati e maltrattamenti domestici.

Per maggiori info: https://www.crosspit.it
Potete sostenere i loro bei progetti con una donazione all'IBAN: IT32F36772223000EM000379648

Oppure tramite Paypal:
https://www.paypal.com/paypalme/Crosspit

Concludiamo l'intervista con una delle tue tante meravigliose poesie, perfetta per questa occasione:

IO (ANDREA RONCATO)

Io, che mi chiudo in casa, io che mi nascondo.

Io che mi sento solo, che me ne frego del mondo…

Io quello che fa casino, quello che ride forte.

Io che amo tanto la vita, che ho paura della morte,

che maledico tutti, che bestemmio Dio.

Io che hanno tutti torto, perché ho ragione io,

quello egoista, presuntuoso, falso, tenero, quello cretino.

Io che vorrei un'ora di quando ero bambino.

Io che sogno la pioggia, adoro i temporali.

che mi commuovono i vecchi, che voglio bene agli animali.

Io che scrivo poesie, io timido, quello che si vergogna

di dire che gli manca Bologna.

Io che vorrei essere più magro, più giovane, più figo,

che mi alzo dal letto per svuotare il frigo.

Io che inseguo i ricordi, che tante volte piango.

Io quello che rimango sveglio tutta la notte a scrivere.

Io che ho tre piccoli cani che mi aiutano a vivere.

Io che guardo la porta per vederti ritornare.

Io, purtroppo io, son tutto quello che ho saputo fare,

ma questo "Io" voglio che sia…

l'unico "Io" della mia vita.

FILMOGRAFIA:

Qua la mano, regia di Pasquale Festa Campanile (1980)

La baraonda, regia di Florestano Vancini (1981)

I camionisti, regia di Flavio Mogherini (1982)

Acapulco, prima spiaggia... a sinistra, regia di Sergio Martino (1983)

Fantozzi subisce ancora, regia di Neri Parenti (1983)

Se tutto va bene siamo rovinati, regia di Sergio Martino (1984)

L'allenatore nel pallone, regia di Sergio Martino (1984)

Mezzo destro mezzo sinistro - 2 calciatori senza pallone, regia di Sergio Martino (1985)

I pompieri regia di Neri Parenti (1985)

Il lupo di mare, regia di Maurizio Lucidi (1987)

Rimini Rimini, regia di Sergio Corbucci (1987)

Tango blu, regia di Alberto Bevilacqua (1987)

Rimini Rimini - Un anno dopo, regia di Bruno Corbucci e Giorgio Capitani (1987)

Vacanze di Natale '90, regia di Enrico Oldoini (1990)

Ne parliamo lunedì, regia di Luciano Odorisio (1990)

Vacanze di Natale '91, regia di Enrico Oldoini (1991)

Anni 90, regia di Enrico Oldoini (1992)

Graffiante desiderio, regia di Sergio Martino (1993)

Anni 90 - Parte II, regia di Enrico Oldoini (1993)

Gli inaffidabili, regia di Jerry Calà (1997)

Simpatici & antipatici, regia di Christian De Sica (1998)

T'amo e t'amerò, regia di Ninì Grassia (1999)

Ricordati di me, regia di Gabriele Muccino (2003)

Tosca e altre due, regia di Giorgio Ferrara (2003)

L'allenatore nel pallone 2, regia di Sergio Martino (2008)

Ho ammazzato Berlusconi, regia di Gianluca Rossi (2008)

Il cuore grande delle ragazze, regia di Pupi Avati (2011)

Almeno tu nell'universo, regia di Andrea Biglione (2011)

Napoletans, regia di Luigi Russo (2011)

La corona spezzata, regia di Ruben Maria Soriquez (2013)

Cornici di vita, regia di Giovanni Giordano (2015) - cortometraggio

Cenere, regia di Simone Petralia (2015)

80 voglia di te, regia di Andrea Vialardi e Silvia Monga (2015)

Mò Vi Mento - Lira di Achille, regia di Stefania Capobianco (2017)

Felicissime condoglianze, regia di Antonio Adamo (2017)

A.N.I.M.A. Atassia Neuro Ipofisaria Monolaterale Acuta, regia di Pino Ammendola e Rosario Montesanti (2018)

Stato di ebbrezza, regia di Luca Biglione (2018)

Il mio uomo perfetto, regia di Lino Sciarrone (2018)

Notti magiche, regia di Paolo Virzì (2018)

Famosi in 7 giorni, regia di Gianluca Vannucci (2018)

Odissea nell'ospizio, regia di Jerry Calà (2019)

Il Signor Diavolo, regia di Pupi Avati (2019)

Sotto il sole di Riccione, regia degli YouNuts! (2020)

Selfiemania, regia di Francesco Colangelo, Elisabetta Pellini, Elly Senger-Weiss, Willem Zaeyen (2021)

Vecchie canaglie, regia di Chiara Sani (2022)

Evelyne tra le nuvole, regia di Anna Di Francisca (2022)

La california, regia di Cinzia Bomoll (2022)

TELEVISIONE:

Doppio misto, regia di Sergio Martino – film TV (1985)

Don Tonino, regia Fosco Gasperi – serie TV (1988-1990)

L'odissea, regia di Beppe Recchia – musical TV (1991)

La voce del cuore, regia di Lodovico Gasparini – miniserie TV (1995)

Mamma, mi si è depresso papà, regia di Paolo Poeti – film TV (1996)

La storia di Gigi 2, regia di Luca Mazzieri e Marco Mazzieri – film TV (1997)

I misteri di Cascina Vianello, regia di Gianfrancesco Lazotti – serie TV (1997)

Ladri si diventa, regia di Fabio Luigi Lionello – film TV (1998)

Carabinieri, regia di Raffaele Mertes, Sergio Martino, Giandomenico Trillo, Alessandro Cane – serie TV, 174 episodi (2002-2008)

La palestra, regia di Pier Francesco Pingitore – film TV (2003)

Crimini – serie episodio 01x03, regia di Antonio Manetti e Marco Manetti (2006)

Il capitano - serie TV, episodi 02x05 e 02x06, regia di Vittorio Sindoni (2007)

Così vanno le cose, regia di Francesco Bovino – film TV (2007)

Un matrimonio, regia di Pupi Avati – miniserie TV (2012)

Il restauratore 2 – serie TV, episodio 02x08 (2014)

Provaci ancora prof! 6 – serie TV, episodio 04x06 (2015)

Don Matteo 10 – serie TV, episodio 10x20, regia di Monica Vullo (2016)

Il bello delle donne... alcuni anni dopo – serie TV, episodio 01x04, regia di Eros Puglielli (2016)

L'ispettore Coliandro – serie TV, episodio La fine del mondo, regia dei Manetti Bros (2017)

Il fulgore di Dony, regia di Pupi Avati – film TV (2018)

La mitomane (Mytho) – serie TV (2019- 2021)

Liberi tutti, regia di Giacomo Ciarrapico e Luca Vendruscolo – serie TV (2019)

Dreams il calore dei sogni regia di Silvia Monga - film TV (2020)

PROGRAMMI TELEVISIVI:

Io e la Befana (Rete 1, 1978-1979)

Domenica in (Rete 1, 1978-1979)

C'era due volte (Rete 2, 1980)

Tutto compreso (Rete 2, 1981)

Hello Goggi (Canale 5, 1981)

Premiatissima '84 (Canale 5, 1984)

Risatissima (Canale 5, 1984)

Miss Mondo 1984 (Canale 5, 1984) Commentatori per l'Italia

Supersanremo 1985 (Italia 1, 1985)

Grand Hotel (Canale 5, 1985-1986)

Festival (Canale 5, 1987-1988)

Sabato al circo (Canale 5, 1989-1990)

Star 90 (Rete 4, 1990) giudici

Bellissime (Canale 5, 1990)

Risate il Capodanno (Canale 5, 1990)

Bellezze al bagno (Canale 5, 1991)

Il ficcanaso (Rete 4, 1991)

Luna di miele (Rai 1, 1992)

Il TG delle vacanze (Canale 5, 1992)

Risate di cuore (Canale 5, 1993)

Ma mi faccia il piacere (Canale 5, 1993)

Regalo di Natale (Canale 5, 1995)

Domenica in (Rai 1, 1994-1997)

Mezzanotte, angeli in piazza (Rai 1, Rai 2, 1998-1999)

Vent'anni (Rai 2, 1998-1999)

Ballando con le stelle (Rai 1, 2009)

TEATRO:

Una camicia fuori dai pantaloni, di Andrea Roncato (1987-88)

Un ordine, confusione, di Andrea Roncato (1988-90)

Monolocale, di Luciano Odorisio (1992)

Alcesti, di Margherite Yourcenar (1997)

Kiss me Jesus, di Nicola D'Alessandro (2000)

A cena dal babbo, di Carla Catenacci (2001-2002)

Toccata e Fuga, di Derek Benfield (2001)

Femmine in festa, di Aristofane (2001)

Anfitrione, di Tito Maccio Plauto (2002)

Nessuno è perfetto, di Simon Williams (2002)

L'uomo, la bestia e la virtù, di Luigi Pirandello (2003)

Aulularia, di Tito Maccio Plauto (2005)

Curculio, di Tito Maccio Plauto (2006)

Come t'ho fatto... ti disfo!", di Derek Benfield (2007)

Un amore grande grande", di Sandro Mayer (2008-2009)

Miles Gloriosus", di Tito Maccio Plauto (2010)

Il grande ritorno di Gigi e Andrea, di Andrea Roncato e Gigi Sammarchi (2011)

Il marito di mio figlio, di Daniele Falleri (2012-2013)

Best of..., di Andrea Roncato e Gigi Sammarchi (2013)

Ohi mamma, di Andrea Roncato e Gigi Sammarchi (2013)

Ci do che ci do, di Andrea Roncato e Gigi Sammarchi (2013)

Ritorno agli anni '80, di Andrea Roncato e Gigi Sammarchi (2014)

Ai tempi del cabaret, di Andrea Roncato e Gigi Sammarchi (2014)

Il marito di mio figlio, di Daniele Falleri (2015-2016)

Ci do... che ci do... che ci do (vita, torte e miracoli)", di Andrea Roncato e Gigi Sammarchi (2016)

Gigi e Andrea di nuovo insieme, di e con Andrea Roncato e Gigi Sammarchi (2017)

Toccata e fuga, di Derek Benfield, (2017)

Lo zio di città", di Piero Moriconi, (2018)

Printed by Amazon Italia Logistica S.r.l.
Torrazza Piemonte (TO), Italy

59637994R00063